AF221563

**Egal was du tust,
mache es mit Spaß und
lass dich nicht unterkriegen! :)**

Viel Spaß beim stöbern...

Herstellung und Verlag: BoD – Books on Demand,
Norderstedt
ISBN: 9783756850648

Impressum:
©Evamaria Deisen 2022
Layout, Design: DEISEN-Design

Balduinstr. 10, 56759 Kaisersesch
DEISEN Design – Evamaria Deisen
hello(at)deisen-design.com
www.deisen-design.com

FSC
www.fsc.org

MIX

Papier aus ver-
antwortungsvollen
Quellen
Paper from
responsible sources

FSC® C105338

Wie benutzt Du dieses Buch:

Selbst- und Ständig! Ich weis nicht wie oft ich diese Worte im Laufe meines Unternehmerlebens zu hören bekommen habe...
Eins steht fest: Unwahr sind sie nicht!
Ein Unternehmen zu führen heißt Verantwortung zu übernehmen und harte Arbeit zu leisten. Auch, wenn es für Außenstehende manchmal wie Vergnügen aussieht.

Mit der Zeit habe ich von Freunden, Verwandten, Kollegen und anderen Unternehmern viele Tipps bekommen, die mir meinen Start und meinen Alltag etwas erleichtern sollten. Einige haben mir gar nicht weitergeholfen, andere waren widerum Gold wert.
Die Nützlichsten habe ich hier für dich aufgeschrieben.

Mach etwas daraus!!

Am besten nimmst Du dir jeden Tag 15 Minuten Zeit dafür. Plane die Zeit fest ein! In dieser Zeit kannst du dir in Ruhe Gedanken machen und überlegen wie du weiter vorgehst...

Damit Du nicht noch extra ein Notizbuch oder Blätter zu diesem Büchlein dazulegen musst, findest Du unter den Anregungen immer etwas Platz für eigene Notizen oder Lösungsansätze.

Gehe Tag für Tag und Seite für Seite durch.
Die Reihenfolge spielt dabei keine Rolle...

Viel Erfolg und Spaß beim ausprobieren!

EVAMARIA ;)

1

Nutze ab heute ein "Monday Basket".
Ein Körbchen in dem du alles sammelst was auf Bearbeitung wartet.
Jeden Montag nimmst du dir die Zeit es auszuleeren und heftest die Unterlagen ab, bezahlst die Rechnungen, ect...

_____

_____

_____

_____

_____

_____

_____

**Plane im Angebot immer ein bisschen mehr Zeit ein.
Ein Beispiel: Brauchst du zehn Arbeitsstunden, sag es dauert 12... So hast du Puffer nach hinten, falls etwas schief gehen sollte. Schaffst du es pünktlich freuen sich deine Kunden, dass es so schnell ging.**

_____

_____

_____

_____

_____

_____

_____

_____

Du hast alle Aufträge abgearbeitet und hast ein paar freie Minuten? Nutze Sie!
Lege neue Vorlagen für Präsentationsfolien, E-Mails, Social Media Content oder Infografiken an.
So sparst du dir viel Zeit, wenn es wieder stressig wird.

Was ist das Alleinstellungsmerkmal deines Unternehmens?
Was kannst nur du allein und kein anderer?

Schreibe zehn Stärken auf die dein Unternehmen ausmachen! Findet man sie alle in deinem Flyer, auf deiner Homepage oder in deiner Unternehmenspräsentation? Oder musst du etwas nachbessern?

Bitte potentiellen Neukunden ein kleines Test-Angebot an. So können sich beide Parteien kennen lernen und das Vertrauen ineinander kann wachsen. Selbst wenn die Kunden abspringen hast du so doch noch einen kleinen Verdienst.

Zeige, dass du ein Profi bist!

Überlege dir fünf Wege, wie du dies im nächsten Jahr einem breiten Publikum beweisen kannst.

Auch wenn du selbstständig bist, halte dich am besten an feste Arbeitszeiten.
Eine geregelte Arbeitswoche ist das A und O.
Vertraue mir: Freunde und Familie werden es dir danken.

Empfängst du manchmal Kunden? Wie könntest du Ihren Aufenthalt noch schöner gestalten?

Nur wer sich wohlfühlt kauft auch viel ein. Hänge vielleicht ein Bild an die Wand deines Besprechungsraumes oder kaufe neue Tassen... Stelle frische Blumen auf.

11

Rufe bei der Zeitung an. Vielleicht schreiben Sie einen Artikel über dich.
Es wäre doch prima, wenn du demnächst auf der Titelseite bist. Reporter sind immer auf der Suche nach einer interessanten Story.

_____

_____

_____

_____

_____

_____

_____

_____

Nehme dir Zeit für dein Team/Mitarbeiter!

Frühstückt zum Beispiel zusammen.
Dies stärkt den Zusammenhalt.

_____

_____

_____

_____

_____

_____

_____

_____

13

**Überarbeite deine Geschäfts-
papiere. Wie werden Sie noch
ansprechender? Gibt es noch ein
Plätzchen für "Werbung"?**

**Zum Beispiel: Schreibe deine
Kontodaten auf den Rechnungen groß
genug. Es gibt nichts
schlimmeres, als mit der Lupe nach
der IBAN zu suchen.**

„Fans statt Kunden!" Denke einfach mal darüber nach!

_____

_____

_____

_____

_____

_____

_____

**Recherchiere nach einem
Unternehmer - Stammtisch
in deiner Nähe und melde dich
für das nächste Treffen an.**

**Sei nicht schüchtern und
freue dich darauf neue Gesichter
kennen zu lernen!**

**Denke bitte einmal darüber nach, was du "outsourcen" könntest.
So hast du den Kopf frei für wichtigere Dinge.**

Was machen deine Schulkameraden heutzutage? Schreibe Ihnen doch mal oder plane ein Klassentreffen? Was das mit deinem Unternehmen zu tun hat? Vielleicht sind deine Schulfreunde mittlerweile auch Unternehmer. Ein Gespräch unter alten Freunden kann bestimmt nicht schaden.

_____

_____

_____

_____

_____

_____

_____

_____

Entferne nur eine Sache von deinem Schreibtisch, die dich öfters von der Arbeit ablenkt...

Erhöhe deine Aufmerksamkeit: Trage dein Unternehmen in kostenlose Branchen- verzeichnisse ein.

Entwickle deinen ganz individuellen Elevator Pitch!

**Das bedeutet:
Erkläre deine Geschäftsidee in nur 1-2 Minuten!
So bist Du perfekt auf das nächste Networking Event vorbereitet...**

Recherchiere nach interessanten Fachmessen in deiner Nähe und plane einen Besuch.

Vergesse nicht, genügend Visitenkarten zur Veranstaltung mitzunehmen... ;-)

Erstelle eine kleine Präsentation für den Messebesuch und nehme sie ausgedruckt mit.

Ein paar Seiten reichen, um potentiellen Kunden einen schnellen Überblick über deine Kompetenzen zu geben.

**Poste etwas in den
Sozialen Medien.
Plane dir für die nächsten
Wochen regelmäßig Zeit dafür
ein.**

**Vielleicht ein kleiner Blick
hinter die Kulissen?!**

_____

_____

_____

_____

_____

_____

_____

_____

Überlege dir einen neuen Ort wo deine Werbung stehen könnte.

**Was hält dich davon ab?
Worauf wartest du noch?
Vielleicht hast du sogar
kostenlose Werbefläche in
deinem Garten oder an
deinem Balkon?**

_____

_____

_____

_____

_____

_____

_____

Schreibe eine Pressemitteilung! Was passiert gerade Neues?

Was macht dein Unternehmen besonders und einzigartig? Was ist für die Menschen besonders Interessant?

Lese die Pressemitteilung noch einmal durch. Zeige sie vielleicht auch deinen Freunden.

Wenn du zufrieden bist, sende sie an Zeitungen, Magazine, Blogs,... Tipp: Reiche sie u. a. auch bei lokalen Medien ein...

Vielleicht kannst du sie vorher

Schaue dir jeden Tag die Stellenangebote an, auch wenn du keinen Job suchst.

So weißt du genau wo gerade "Not am Mann" ist.

Versuche jeden Tag neue Leute kennenzulernen und vergiss nicht Ihnen deine Visitenkarte zu geben. Vielleicht benötigen Sie deine Hilfe. Wenn nicht jetzt, dann vielleicht in ein paar Monaten :)

Fange heute damit an!

Schaue dir deine Website an: Könntest du etwas verbessern?

Ziehe dabei die Brille des Kunden an. Was für Dich plausibel klingt, könnte jemanden anderen vielleicht verwirren...

_____

_____

_____

_____

_____

_____

_____

_____

Rufe Unternehmen und auch Konkurrenten aus der Umgebung an. Vereinbare Vorstellungstermine.

Warum du das tun solltest? Ganz einfach: Vernetzt seit Ihr stärker.

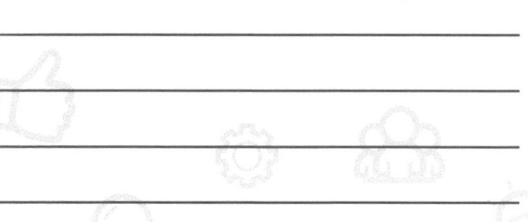

Überlege dir einen weiteren Businesszweig.
Es ist nie gut von nur einer Sache abhängig zu sein...

_____

_____

_____

_____

_____

_____

_____

_____

Plane einen "Tag der offenen Tür"!

Was wäre für die Gäste interessant?
Welches Datum wäre gut?
Gibt es ein Gewinnspiel oder Sonderangebote für die Besucher?

Verbessere das "SEO" deiner Homepage. Zum Beispiel mit einem kostenlosen Online SEO Website Check.
Je nach Resultat nimm dir in demnächst etwas Zeit um die besagten Stellen genauer unter die Lupe zu nehmen.
So erscheinst du in der Suchmaschine bald vor allen anderen.

Auch wenn es auf den ersten Blick ein bisschen altmodisch klingt, melde dich in einem neuen Internetforum an.

Mit etwas Glück findest du hier neue Kontakte für dein Netzwerk.

35

Schalte statt deiner Musik oder dem üblichen Radiosender heute einfach mal einen neuen Podcast an.

Lasse dich nicht vom Überangebot abschrecken! Mal schauen was dich erwartet...

_____

_____

_____

_____

_____

_____

_____

_____

**Erinnere dich!
Wer war bei Unternehmens-
start deine Zielgruppe?!
Ist es nun noch die gleiche wie
vor ein paar Monaten?!
Es ist gut sich das ab und an
noch einmal klarzumachen...**

Poste ein kleines Gewinnspiel in den Sozialen Medien, um deinen Bekanntheitsgrad zu steigern. Wer den Beitrag teilt, kann gewinnen.

Überlege: Was könntest du verlosen? Was möchte jeder haben? Wichtig: Achte auf die jeweiligen AGB!

38

Gibt es einen Gewerbeverein in deiner Region?

Melde dich zu dem nächsten Treffen an, um neue Netzwerkpartner kennen zu lernen. Reinschnuppern kostet im Normalfall nichts ;)

Hast du eine tägliche Routine?

Überlege ob du Sie noch verbessern kannst.
Und wenn ja: Wie?

**Lege eine Kontaktliste an.
Trage hier die Adressen für die
Weihnachtskarten ein.**

**Weihnachtskarten? Ja!
Fülle sie das ganze Jahr über auf.
So hast du vor Weihnachten
viel weniger Stress.**

Start a blog?!

_____

_____

_____

_____

_____

_____

_____

_____

Nimm dir einfach mal eine halbe Stunde Zeit für dich!

Gehe spazieren und halte die Augen offen nach Neuem.

Kaufe dir eine Fachzeitschrift oder Zeitung, die du sonst nie lesen würdest.

So bekommst du eine andere Perspektive.

Unterschreibe jede deiner Rechnungen mit dem Füller. So bekommen die Kunden das Gefühl von Wertschätzung und Hochwertigkeit.

In unserer Zeit ist es schon etwas besonderes, eine schöne! ausgedruckte Rechnung im Briefkasten zu finden...

45

Rufe bei einem (regionalen) TV-Sender an.
Vielleicht machen Sie einen Beitrag über dich und deine Firma. Es wäre doch prima, wenn du demnächst im Fernsehen bist.
Reporter sind immer auf der Suche nach einer interessanten Story.

_____

_____

_____

_____

_____

_____

_____

_____

46

Plane einen "Betriebsausflug".

_____

_____

_____

_____

_____

_____

_____

_____

**Richte dein Büro so ein,
dass du dich wohlfühlst.**

**Es gibt nichts schlimmeres als
einen ungemütlichen
Arbeitsplatz.**

Denk immer daran, du kannst an allem sparen, aber niemals am Werkzeug.

Wo kannst du nachbessern? Mit welchem Werkzeug/Gerät/Programm könntest du Zeit sparen?

Überlege: Was könntest du Gutes für das Betriebsklima tun? Kleines kann manchmal sehr großes bewirken!

Schreibe alle Ideen auf. Alternative: Hänge eine Liste auf, in der alle Mitarbeiter ihre Ideen eintragen können.

Schaue dir eine interessante Dokumentation an, für die du dir sonst keine Zeit nehmen würdest.

Rufe frühere Kunden an, um dich in Erinnerung zu rufen.

Schiebe es nicht auf!

Schreibe eine To-Do Liste für die ganze kommende Woche.

Schreibe Ideen für ein Fachbuch auf, dass du schreiben könntest, um dich als Experte zu etablieren.

Widme diesem Gedanken in den nächsten Wochen etwas Zeit...

_____

_____

_____

_____

_____

_____

_____

_____

54

**Belohne dich heute selbst
für jede erledigte Aufgabe.
Du hast es dir verdient!**

**Wenn du im Trott bist, merkst du
manchmal gar nicht, wie viel du
eigentlich schon erreicht hast...**

Nehme an einem kleinen Online-Kurs deiner Wahl teil oder schaue Dir ein Online-Tutorial an.

Nimm dir heute einfach mal die Zeit dafür.

Achte heute auf deinen Auftritt!
Bist du immer höflich und korrekt oder kannst du bei dem Kontakt mit anderen Menschen noch etwas verbessern?

**Erstelle und verteile einen Zufriedenheitsfragebogen an deine (früheren) Kunden.
So bekommst du Feedback und hast gleichzeitig einen Grund sich noch einmal bei Ihnen zu melden...**

_____

_____

_____

_____

_____

_____

_____

_____

**Veröffentliche eine Anzeige in der Regionalzeitung oder in den Kleinanzeigen, damit sich dein Logo in der Gesellschaft einprägt.
Biete zum Beispiel einen Kurs an, mache auf deine Dienstleistungen aufmerksam oder verschenke einfach ein paar Dinge die du nicht mehr brauchst...**

Führe eine Umfrage durch...

_____
_____
_____
_____
_____
_____
_____
_____

Schaue dir die Website von einem deiner Konkurrenten an.

Was macht er anders als du? Vielleicht kannst du noch etwas von ihm lernen.

Schreibe dir heute Abend eine To-Do-Liste für morgen auf.

So kannst du beruhigt Feierabend machen und weißt genau, was dich morgen erwartet.

Mache ein tolles Foto oder Video, dass du auf der Website oder in den Sozialen Medien veröffentlichen kannst.

Was soll es über dich aussagen?

Kaufe dir eine Fachzeitschrift, damit du auf dem Laufenden bleibst.
Schaue dir besonders die Werbeanzeigen darin an.
Was fällt dir daran auf?
Findest du potentielle Kunden, Konkurrenten oder sogar Geschäftspartner?

_____

_____

_____

_____

_____

_____

_____

Kaufe dir neue Stifte, Papier, Notizzettel,... oder anderes Büromaterial.

So kannst du dich schon heute Abends darauf freuen, alles morgen benutzen zu können.
Wie ein kleiner Neustart... ;)

**Blumen verbessern die Atmosphäre, gehe in den Blumenladen und such dir die Schönste aus.
Alternativ kannst du dir auch einen tollen Blumenstrauß kaufen.
Warum solltest du darauf warten, ein Geschenk zu bekommen?**

Grüße jeden freundlich, der dir über den Weg läuft. Nicht nur heute, auch morgen und übermorgen.
Deine Umwelt wird es dir mit Aufträgen danken, auch wenn es ein wenig dauert.
Bist du ein Griesgram wird eher das Gegenteil passieren...

67

Führe ein ungezwungenes Gespräch mit einem anderen Unternehmer.

Was macht er anders als du? Hat er ein paar Tipps für dich?

Tauscht euch gegenseitig aus...

_____

_____

_____

_____

_____

_____

_____

_____

Plane zeitig deinen nächsten Urlaub ein.
Erzähle deinen Kunden früh genug von dem Termin und bereite Sie darauf vor, dass du ein paar Tage nicht erreichbar sein wirst.
Zum Beispiel mit einem kleinen Satz in der E-Mail-Signatur...

Versuche einmal mit Musik und danach ohne Musik zu arbeiten.

Kontrolliere dich selber: Wann bist du produktiver?

**Biete einen Bonus an!
Wofür wären deine Kunden
bereit noch etwas mehr zu
bezahlen, wenn Sie die
Möglichkeit dafür hätten?**

**Denk an den Spruch beim
Bäcker: „Kann es sonst noch
etwas sein?"**

Kümmere dich um dein Hobby!

Ein Ausgleich zum Beruf ist wichtig!

_____

_____

_____

_____

_____

_____

_____

_____

Keine Angst vor der Warteschleife...

Rufe bei deinem Telefon- und Internetanbieter an und überprüfe, ob es für dich einen günstigeren Tarif gibt.

Setze deine Fähigkeiten ehrenamtlich für den guten Zweck ein. Neben einem tollen Gefühl hast du danach die Möglichkeit dies in einem Bericht zu veröffentlichen. So gewinnen beide Seiten. Vielleicht bist du ein echter Trendsetter und andere Unternehmer machen sogar mit...

Lese einen Artikel über Design Thinking und lasse dich inspirieren.

Denke daran, dass jeder Mensch gute Ideen haben kann...

Überlege ob du jedem Kunden ein kleines Extra geben könntest?

Es muss dich nicht viel kosten, zeigt aber deinen Kunden, dass du sie wertschätzt.
Sie werden daran denken, wenn sie dich bewerten und über dich erzählen...

Ein Tagtraum:

Wo siehst du dein Unternehmen in 5 Jahren?

Bleibe realistisch! Was muss dafür alles getan werden?

Unterziehe deinen Arbeitsplatz einem ausgiebigen "Frühjahrsputz".

Am besten jetzt direkt als Erstes...

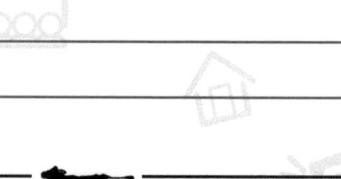

Verteile Komplimente.

Du solltest sie aber wirklich ernst meinen!

Lasse deine Homepage in eine weitere Sprache übersetzen.

So steht dein Unternehmen internationaler dar.

Setze dir ab heute feste Uhrzeiten für das lesen von E-Mails.

Könntest du dir eine Prämie für jeden an dich vermittelten Auftrag vorstellen?

Beispiel:
Für eine Auftragsempfehlung über 1000€ bekommt der Vermittler 50€ und ein kleines Dankeschön.

Lass dich von deinem Vorbild inspirieren.

_____

_____

_____

_____

_____

_____

_____

_____

Nimm dir Zeit und schaue nach, wo Strom gespart werden könnte.

Im Laufe der Zeit, verbraucht auch ein kleines Licht viel Energie.

Arbeitest du nachhaltig?

**Was kannst du noch
einmal verwenden?
Wird zuviel ausgedruckt?
Lohnt es sich zum Beispiel
Recycling-Papier zu benutzen?**

Ist dein Arbeitsplatz sicher?

Gibt es einen Feuerlöscher?
Verbandskasten?
Stolperfallen?

...

Mache unbedingt ein "Back Up" von all deinen Dateien und Geräten.

**Lerne deine schlechte Laune im Zaum zu halten.
Das zeugt von echtem Charakter!**

Die Leute die dir am Nachmittag begegnen können doch für den Streit am Morgen nichts...

Statt darüber zu meckern, nutze die Werbepausen im TV lieber als Inspirationsquelle für deine eigene Marketingstrategie...

Lege dir ein zweites Konto an. Nutze es, um dir selbst Urlaubs- und Weihnachtsgeld zu überweisen :)

Vergesse deine Netzwerkpartner nicht!

Zeige dich von deiner besten Seite und lade sie zum Kaffee trinken oder zum frühstücken ein.

Bleibe ruhig, wenn dein Geschäft stagniert oder du rote Zahlen schreibst.

Panik macht alles nur schlimmer! Arbeite eine Exit-Strategie aus...
(Auch wenn es gerade super läuft!)

Denke immer positiv!

Nichts ist so schlimm, dass es nicht für irgendetwas anderes gut ist.

Welche Dinge haben dich in letzter Zeit ein bisschen aus der Bahn geworfen?

Sage einfach mal Danke!

Es gibt viele kleine und schöne Wege, dies zu tun.

Investiere einen Teil deiner Gewinne immer in dein Business.

Lass es wachsen...

Versuche nicht subjektiv, sondern objektiv an einem Projekt zu arbeiten.

Behalte immer den Überblick und steigere dich nicht zu sehr hinein.

Publish your content regularly!

Wann hast du zum letzten Mal etwas in den sozialen Medien geteilt?

Erstelle einen kleinen Plan für die nächsten vier Wochen...

_____

_____

_____

_____

_____

_____

_____

_____

97

Von einem passiven Einkommen träumt wohl jeder...

Siehst du Möglichkeiten für dich?

_____

_____

_____

_____

_____

_____

_____

_____

Gebe immer 110 Prozent!!

...auch wenn der Auftrag nur winzig klein ist.

Deine Kunden werden es dir danken.

_____

_____

_____

_____

_____

_____

_____

_____

Welches neuartige Werkzeug oder Computerprogramm würde deine Arbeit erleichtern?

Recherchiere ob du es unverbindlich testen kannst.

**Sei ein Leader und
kein Boss!**

**Rückwirkend betrachtet:
Wo warst du in letzter Zeit ein
Leader und wo ein Boss?**

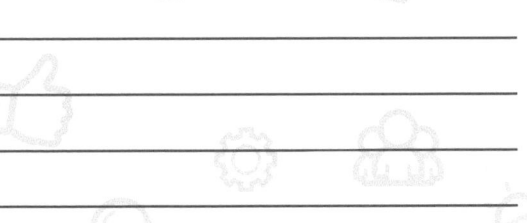

101

Glaube an dich!!

Das ist manchmal gar keine so leichte Aufgabe, wie es scheint...

_____

_____

_____

_____

_____

_____

_____

_____

Rede über neue Ideen, nicht über Leute!

Achte heute einmal darauf, wie oft du über andere Leute sprichst. Falls du dies tust, denke dich in sie hinein...

_____

_____

_____

_____

_____

_____

_____

_____

103

Sei ein Trendsetter!

**Welchen Trend könntest du heute starten?
Wo könntest du mit gutem Beispiel voran gehen?**

Mache keine Freundschaftspreise!

Wenn es dir nützt, verschenke höchstens deine Arbeitsstunden, aber reduziere niemals den Wert deines Stundensatzes.

Du hast ein faires Angebot geschrieben und ein Kunde versucht dich auf Teufel komm raus runter zu handeln? Warte auf den nächsten Kunden, denn mit diesem wirst du wahrscheinlich immer Ärger haben...

Wer wäre dein Traumkunde?

_____

_____

_____

_____

_____

_____

_____

Recherchiere nach dem Preis für einen Autoaufkleber oder ein Automagnetschild. Dann ist sogar der Stau nur halb so schlimm. Achte bei der Bestellung darauf, dass deine Internetseite und Telefonnummer gut zu lesen sind.

Du hast kein Auto? Dann überlege dir eine andere Werbeaktion.

Sind alle zufrieden mit deiner Arbeit? Würden sie dich weiterempfehlen?
Was fanden sie besonders gut?
Was hättest du besser machen können...

Frage deine Kunden nach Rezensionen, die du veröffentlichen kannst.

_____

_____

_____

_____

_____

_____

_____

_____

Recherchiere ob es in deinem Umfeld ein Event gibt, bei dem du als Speaker auftreten kannst.

Eine gute Chance sich als Experte zu platzieren.
Findest du kein Event plane ein doch einfach ein Eigenes.

109

Denke dir einen Workshop aus und führe ihn in den nächsten Wochen durch.

Erhebe eine angemessene Teilnahme- oder Materialkostengebühr.

**Eine kleine Vorsorge:
Schreibe dir drei motivierende
Dinge auf einen Zettel, den
du aus dem Schrank nehmen
und dir vorlesen kannst,
wenn du einmal sehr
demotiviert bist.**

Suche und Installiere eine neue hilfreiche App.

Sie soll dir helfen deinen Workflow zu verbessern. Teste sie aus!

_____

_____

_____

_____

_____

_____

_____

_____

Denke dir einen Marketing Gag aus, den sonst keiner hat!

_____

_____

_____

_____

_____

_____

_____

_____

Siehe nach ob es eine Agentur gibt, die die Akquise für dich übernehmen kann.

_____

_____

_____

_____

_____

_____

_____

_____

Überlege wer dich weiterempfehlen könnte! Wer von deinen Bekannten hat gute Kontakte?

Vielleicht tut dir jemand den Gefallen und vereinbart einen Vorstellungstermin für dich aus...

Erweitere deinen Firmenauftitt / Portfolio um ein weiteres Foto.

_____

_____

_____

_____

_____

_____

_____

_____

Beobachte dich den ganzen Tag:

Was lenkt dich ab?
Was tust du dagegen?

_____

_____

_____

_____

_____

_____

_____

_____

117

Starte ein Business - Tagebuch!

Schreibe positive und auch negative Erlebnisse auf. Deine Einträge müssen nicht sehr lang sein, aber du solltest sie in ein paar Jahren noch verstehen können.

Erledige heute etwas, was schon lange überfällig ist.

Am besten vormittags, dann hast du es hinter dir...

Ist es in deinem Business möglich, eine Arbeit mehrfach zu verkaufen?
Denke an einen Lehrer, der jedes Jahr die gleiche Mathearbeit schreiben könnte...

Spinne herum!
Vielleicht ergibt sich daraus eine richtig gute Idee.

_____

_____

_____

_____

_____

_____

_____

_____

Nehme an einem Wettbewerb teil.

Auszeichnungen sind immer eine gute Werbung.

_____

_____

_____

_____

_____

_____

_____

_____

Richte selbst einen Wettbewerb aus.

Verfasse einen neuen Newsletter!

Du hast bis jetzt keinen!? Worauf wartest du noch?

123

Gibt es Projekte die Sponsoren für dich finanzieren könnten?

Was hätten Sie davon?

Vermiete etwas, dass du nur selten brauchst und verdiene dir davon etwas Extra - Geld.

Rufe heute bei mindestens drei potentiellen Kunden an und versuche einen Vorstellungstermin zu bekommen.

Sei höflich und nicht aufdringlich!

**Bestelle ein kleines
Give Away mit deinem Logo!**

**Dieses kannst du später überall
verteilen.
Am besten, du bestellst etwas
nützliches, denn eine leere
Schockoladen-Verpackung landet
schnell wieder im Müll...**

127

Erstelle ein einseitiges "Speaker Sheet" und sende es an Event-Organisatoren.

Teile es auch im Internet oder in deinem Status.

Suche in einer Internet-Suchmaschine nach Dir, bzw. deinem Unternehmen...

Was findest Du?

_____

_____

_____

_____

_____

_____

_____

_____

Lade Freunde und Verwandte zu einem kleinen Mini-Event ein.

Lass sie darüber nachdenken wer von deinen Leistungen profitieren könnte.

Sie haben bestimmt ein paar gute Ideen...

_____

_____

_____

_____

_____

_____

_____

Drehe ein kleines Video und veröffentliche es im Internet.

Vielleicht ein kleiner Werbespot, eine Ansprache oder ein kleiner Blick hinter die Kulissen...

131

Deine Kunden sollen sich be-sonders fühlen.

Sorge für einen WOW-Faktor, von dem Sie all Ihren Freunden und Bekannten berichten können.

Überprüfe deine E-Mail-Signatur auf alle relevanten Daten.

Verlinke auch deine Social-Media-Seiten. Vielleicht passt auch noch ein kleiner Werbetext hinein...

Plane und veröffentliche einen Podcast!

Was könntest Du den Zuhörern spannendes erzählen?

Denke dir ein Rabattsystem aus!

**So kannst du Kunden
an dich binden.**

**Beispiel:
Kaufe zehn. Bekomme eins gratis.**

Update deine Online Profile!

**Lerne zu verhandeln
wie ein Profi!**

**Schau dir beispielsweise ein
Tutorial an oder melde dich für
einen Kurs in deiner Nähe.**

137

**Lege Stift und Papier
(oder dieses Buch)
neben dein Bett und schreibe
alle Ideen auf, die dir heute
Nacht in den Kopf kommen.**

_____

_____

_____

_____

_____

_____

_____

Inspiriere andere!

_____

_____

_____

_____

_____

_____

_____

_____

Lösche alle unnötigen Apps auf deinem Smartphone.

Sie lenken dich nur ab!

Egal wie stressig die Arbeit ist: Vergesse nicht deine Freunde!

Bestelle dir ein Buch zum Thema Netzwerken...

_____

_____

_____

_____

_____

_____

_____

_____

Betrachte deine Angebote aus der Perspektive deiner (potentiellen) Kunden. Würdest du bei dir einkaufen oder wärst du wegen etwas skeptisch?

Auch wenn du nicht gerne darüber nachdenkst:

Erstelle einen Notfall-Plan für den Fall, dass du mal ein paar Wochen ausfällst...

_____
_____
_____
_____
_____
_____
_____
_____

Stop multitasking!

Achte heute mal genau darauf, wann du versuchst, zwei Dinge gleichzeitig zu erledigen.

Wann hast du Erfolg? Und wann klappt es nicht?

_____

_____

_____

_____

_____

_____

_____

Lege ab heute mindestens eine schlechte Eigenschaft ab...

_____

_____

_____

_____

_____

_____

_____

_____

**Erstelle ein Media Kit
für die Presse!**

**Dazu gehören zum Beispiel
schöne, aussagekräftige Fotos,
die wichtigsten Daten und Fakten
und deine besonderen
Kompetenzen.**

Mache heute einfach mal etwas Verrücktes!
Gehe in die Fußgängerzone und stelle der Welt deine Idee vor.

Warum das ein guter Tipp ist?
Im Gegensatz zur Fußgänger-zone ist danach jede Kaltakquise ein Kinderspiel...

_____

_____

_____

_____

_____

_____

_____

Lerne auch einmal Nein zu sagen!

Zugegeben:
Das ist nicht immer einfach...

Gibt es im Moment Dinge, bei denen du das besser einmal getan hättest?

**Verabrede dich mit deinem Partner zum Date.
Auch wenn ihr schon ein paar Jahre zusammen seit.**

Im Alltag kommt die Familie manchmal etwas zu kurz...

150

**Gründe deinen eigenen
kleinen Beraterstab ;)**

**Wer hat immer ein offenes Ohr
für dich und gute Ideen?**

151

**Sei heute immer
zehn Minuten früher
da als eigentlich nötig...**

**Gebe nur dann Geld aus,
wenn es unbedingt notwendig ist.**

**Du brauchst zum Beispiel keinen
Neuwagen, wenn dein altes Auto
noch zuverlässig ist...
Lass dir nichts aufzwingen!**

Suche dir deine Freunde weise aus!

Es heißt man ist der Durchschnitt der fünf Leute mit denen man sich am meisten umgibt...

Verliebe dich nicht zu sehr in deine Idee. Du wirst sonst blind vor Liebe!

Betrachte die Idee immer aus der Sicht des Kunden.

Kreiere eine mitreißende Challenge für deine "Fans"!

So werden deine potentiellen Kunden motiviert, sich mit deinem Thema auseinander zu setzen :)

Plane einen Besuch zu einer Messe, die so gar nicht in dein Aufgabengebiet passt.
Du wirst erstaunt sein...

Denke vor deinem Besuch bitte noch nicht darüber nach, wie du in dieser Branche Fuß fassen könntest.

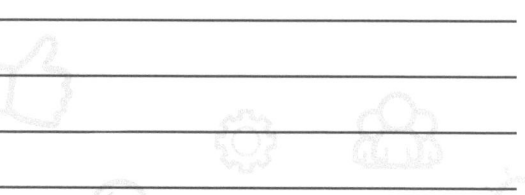

157

Definiere ein Zeitlimit für die geplanten To-Dos!
Setze dir selbst kleine Grenzen...

Ärgere dich nicht über Beschwerden!
Mache sie zu Vorschlägen...

_____

_____

_____

_____

_____

_____

_____

_____

Hast du schon von Crowdfunding gehört?

Dabei legen viele Menschen Geld für neue Projekte zusammen.

Was könntest du "crowdfunden" lassen?

_____

_____

_____

_____

_____

_____

_____

_____

Erstelle neue E-Mail-Vorlagen bzw. optimiere deine bestehenden.

Beispielsweise Antworten auf Anfragen, Buchungsbestätigungen, Mahnungen, Akquise-Mails...

Auf diesem Weg raubt dir die ein oder andere E-Mail demnächst nicht mehr deine wertvolle Zeit.

161

Starte eine Liste mit Ideen für die nächsten Ausgaben deines Newsletters.

Starte eine Liste mit Ideen für die nächsten Ausgaben deines Blogs.

_____

_____

_____

_____

_____

_____

_____

_____

**Sei nicht naiv und
hinterfrage alles!**

**Lese dir immer die AGB durch.
Das kostet dich zwar Zeit,
aber jeder Fehler kann dich im
Nachhinein teuer zu stehen
kommen!
Ziere dich nicht nachzufragen.**

Bedanke dich bei freundlichen Journalisten, Bloggern oder Netzwerkpartnern immer mit einer kleinen Postkarte :)

**Das bleibt in positiver Erinnerung.
Eine E-Mail schreibt ja jeder...**

**Nehme immer ein paar von
deinen Visitenkarten mit!**

**Manchmal triffst du ungeplant
auf sehr interessante Menschen.**

**Wo ist der beste Ort für
die Aufbewahrung?
Was hast du immer dabei?**

_____

_____

_____

_____

_____

_____

_____

_____

Hast du kleine Give Aways, Weihnachtsgeschenke oder gar T-Shirts mit deinem Logo.
Sende ein paar davon an die Influencer aus deiner Branche und gewinne Sie für dich.
Posten sie es in ihrem sozialen Netzwerk kann es viele neue Follower und potentielle Kunden bringen...

167

Frage heute einfach mal in den lokalen Geschäften nach, ob du dort deine Flyer oder Visitenkarten auslegen kannst...

_____
_____
_____
_____
_____
_____
_____
_____

Du bietest eine kostenlose Erstberatung an oder hast regelmäßige Termine oder Netzwerktreffen?
Dann bitte bei anderen Organisationen darum, diese mit in Ihren Kalender aufzunehmen.

Verstecke etwas auf deiner Webseite und mache ein kleines Gewinnspiel daraus.
Zum Beispiel Ostereier an Ostern.

Die Leute stöbern dann länger auf deiner Seite...

**Ein Netzwerk besteht zu 80 %
ausgeben und 20 % aus nehmen.**

**Erwarte nicht direkt die
großen Aufträge :)
Was könntest du heute Gutes für
deine Netzwerkpartner tun?**

**Mehr Anerkennung
statt Komplimente!**

**Es zeugt von Respekt,
wenn du jemandem ein Lob
für seine Arbeit gibst, statt ihm
immer nur zu sagen, dass er eine
schöne Jacke gekauft hat... ;)**

_____

_____

_____

_____

_____

_____

_____

_____

172

Vergleiche dich nicht mit anderen!

Du bist und bleibst einzigartig! Mache dein eigenes Ding und die Leute werden dich dafür lieben!

Heute ist es an der Zeit den Computer aufzuräumen...

Sortiere alle Dateien und freue dich darauf danach wieder frisch durchstarten zu können ;)

_____

_____

_____

_____

_____

_____

_____

_____

Hintergrund:

Die Autorin Evamaria Deisen ist erfolgreiche Gründerin des Designstudios DEISEN Design. Einem kleinen und international vernetzten Designstudio in der Eifelstadt Kaisersesch, in der Nähe des Nürburgrings.

Hier erhalten Sie professionelle Designleistungen, Design Consulting und individuelle Workshops aus einer Hand.

DEISEN Design bietet eine kostenfreie Design-Sprechstunde an. Hier besteht für Unternehmer und Interessierte die Möglichkeit, sich ganz unverbindlich über den Designprozess, dessen Nutzen und auch über die Kosten zu informieren.

www.DEISEN-Design.com